KLAUS CÄSAR ZEHRER   ULI KRAPPEN

DAS LÄNGSTE TIER DER WELT

DIOGENES

»Was meinste wohl,
was denkste dir:
Welches ist das längste Tier?«

»Das ist bestimmt das Warzenschwein.«
»Aber nein! Das ist ja viel zu klein!«

»Dann vielleicht der Wasserfloh?«
»Ach, i wo! Der ist doch grad mal *so!*«

»Ist's der Dachs? Der Fuchs? Der Stier?
Der Lachs? Der Luchs? Das Schnabeltier?
Ist's der Affe? Die Gazelle?
Die Giraffe? Die Forelle?
Der Leguan? Der Pavian?
Der Hahn, der Schwan, der Pelikan?
Der Marabu? Der Kakadu?
Das Gnu, die Kuh, das Känguru?«

»Halt, stopp!
Du kommst ja doch nicht drauf.
Nun hör mal zu und pass gut auf.«

Sie ist rund und bietet Platz
für Kitz und Katz, für Spitz und Spatz,
für Möwen, Löwen, Pferde:
Die Erde.

Und aus der Erde wächst ein Strauch,
der ist sehr klein, und klein ist auch
die Frucht, die süße, schwere:
Eine Beere.
Die Erdbeere.

Die Beere eignet sich perfekt
für etwas, das vorzüglich schmeckt,
besonders, wenn es draußen heiß:
Ein Eis.
Ein Beereneis.
Das Erdbeereis.

Es sollte viel mehr Eiscreme geben!
So viel, dass ich, steh ich daneben,
so winzig ausseh wie ein Zwerg:
Ein Berg.
Ein Eisberg.
Ein Beereneisberg.
Der Erdbeereisberg.

Der Berg ist steil, der Berg ist hoch,
zu Fuß kommt keiner rauf, jedoch
fährt bis ans Gipfelkreuz heran:
Eine Bahn.
Eine Bergbahn.
Eine Eisbergbahn.
Eine Beereneisbergbahn.
Die Erdbeereisbergbahn.

Dort oben steht ein großes Haus,
da steigen alle Leute aus,
ob jung, ob alt, ob schlau, ob doof:
Ein Hof.
Ein Bahnhof.
Ein Bergbahnhof.
Ein Eisbergbahnhof.
Ein Beereneisbergbahnhof.
Der Erdbeereisbergbahnhof.

Der Bahnhof wird sehr gut bewacht
sowohl bei Tag als auch bei Nacht.
Es bellt mal mit, mal ohne Grund:
Ein Hund.
Ein Hofhund.
Ein Bahnhofshund.
Ein Bergbahnhofshund.
Ein Eisbergbahnhofshund.
Ein Beereneisbergbahnhofshund.
Der Erdbeereisbergbahnhofshund.

Man weiß von Hunden, die verschwunden,
weil sie nicht gut angebunden.
Da fehlte, wie ich meine:
Eine Leine.
Eine Hundeleine.
Eine Hofhundeleine.
Eine Bahnhofshundeleine.
Eine Bergbahnhofshundeleine.
Eine Eisbergbahnhofshundeleine.
Eine Beereneisbergbahnhofshundeleine.
Die Erdbeereisbergbahnhofshundeleine.

Ich hab so'n Ding, in welches man
andere Dinge reintun kann
(das Buch, das Tuch, die Flasche):
Eine Tasche.
Eine Leinentasche.
Eine Hundeleinentasche.
Eine Hofhundeleinentasche.
Eine Bahnhofshundeleinentasche.
Eine Bergbahnhofshundeleinentasche.
Eine Eisbergbahnhofshundeleinentasche.
Eine Beereneisbergbahnhofshundeleinentasche.
Die Erdbeereisbergbahnhofshundeleinentasche.

ACHTUNG ABGRUND!

In meiner Tasche ist was drin,
das zeigt mir immer, wer ich bin
(und zwar ein Mensch, kein Igel):
Ein Spiegel.
Ein Taschenspiegel.
Ein Leinentaschenspiegel.
Ein Hundeleinentaschenspiegel.
Ein Hofhundeleinentaschenspiegel.
Ein Bahnhofshundeleinentaschenspiegel.
Ein Bergbahnhofshundeleinentaschenspiegel.
Ein Eisbergbahnhofshundeleinentaschenspiegel.
Ein Beereneisbergbahnhofshundeleinentaschenspiegel.
Der Erdbeereisbergbahnhofshundeleinentaschenspiegel.

Oh Mann, ich hab ein Loch im Magen!
Jetzt kann ich einen Snack vertragen.
Ich freu mich auf ne Leckerei:
Ein Ei.
Ein Spiegelei.
Ein Taschenspiegelei.
Ein Leinentaschenspiegelei.
Ein Hundeleinentaschenspiegelei.
Ein Hofhundeleinentaschenspiegelei.
Ein Bahnhofshundeleinentaschenspiegelei.
Ein Bergbahnhofshundeleinentaschenspiegelei.
Ein Eisbergbahnhofshundeleinentaschenspiegelei.
Ein Beereneisbergbahnhofshundeleinentaschenspiegelei.
Das Erdbeereisbergbahnhofshundeleinentaschenspiegelei.

Was steht auf dem Tisch und dampft
und wird von mir schnell weggemampft,
am liebsten kiloweise?
Eine Speise.
Eine Eierspeise.
Eine Spiegeleierspeise.
Eine Taschenspiegeleierspeise.
Eine Leinentaschenspiegeleierspeise.
Eine Hundeleinentaschenspiegeleierspeise.
Eine Hofhundeleinentaschenspiegeleierspeise.
Eine Bahnhofshundeleinentaschenspiegeleierspeise.
Eine Bergbahnhofshundeleinentaschenspiegeleierspeise.
Eine Eisbergbahnhofshundeleinentaschenspiegeleierspeise.
Eine Beereneisbergbahnhofshundeleinentaschenspiegeleierspeise.
Die Erdbeereisbergbahnhofshundeleinentaschenspiegeleierspeise.

Herr Ober, was gibt's zum Dessert?
Kommen Sie mal bitte her
und bringen mir, ich warte:
Eine Karte.
Eine Speisekarte.
Eine Eierspeisekarte.
Eine Spiegeleierspeisekarte.
Eine Taschenspiegeleierspeisekarte.
Eine Leinentaschenspiegeleierspeisekarte.
Eine Hundeleinentaschenspiegeleierspeisekarte.
Eine Hofhundeleinentaschenspiegeleierspeisekarte.
Eine Bahnhofshundeleinentaschenspiegeleierspeisekarte.
Eine Bergbahnhofshundeleinentaschenspiegeleierspeisekarte.
Eine Eisbergbahnhofshundeleinentaschenspiegeleierspeisekarte.
Eine Beereneisbergbahnhofshundeleinentaschenspiegeleierspeisekarte.
Die Erdbeereisbergbahnhofshundeleinentaschenspiegeleierspeisekarte.

Es ist vergnüglich, hat man eines.
Es ist betrüblich, hat man keines.
Und deshalb, hast du keins, dann bau's:
Ein Haus.
Ein Kartenhaus.
Ein Speisekartenhaus.
Ein Eierspeisekartenhaus.
Ein Spiegeleierspeisekartenhaus.
Ein Taschenspiegeleierspeisekartenhaus.
Ein Leinentaschenspiegeleierspeisekartenhaus.
Ein Hundeleinentaschenspiegeleierspeisekartenhaus.
Ein Hofhundeleinentaschenspiegeleierspeisekartenhaus.
Ein Bahnhofshundeleinentaschenspiegeleierspeisekartenhaus.
Ein Bergbahnhofshundeleinentaschenspiegeleierspeisekartenhaus.
Ein Eisbergbahnhofshundeleinentaschenspiegeleierspeisekartenhaus.
Ein Beereneisbergbahnhofshundeleinentaschenspiegeleierspeisekartenhaus.
Das Erdbeereisbergbahnhofshundeleinentaschenspiegeleierspeisekartenhaus.

Wer keinen hat, kann sich erkälten.
Wer einen hat, kauft sich nicht selten
gleich einen zweiten noch dazu:
Ein Schuh.
Ein Hausschuh.
Ein Kartenhausschuh.
Ein Speisekartenhausschuh.
Ein Eierspeisekartenhausschuh.
Ein Spiegeleierspeisekartenhausschuh.
Ein Taschenspiegeleierspeisekartenhausschuh.
Ein Leinentaschenspiegeleierspeisekartenhausschuh.
Ein Hundeleinentaschenspiegeleierspeisekartenhausschuh.
Ein Hofhundeleinentaschenspiegeleierspeisekartenhausschuh.
Ein Bahnhofshundeleinentaschenspiegeleierspeisekartenhausschuh.
Ein Bergbahnhofshundeleinentaschenspiegeleierspeisekartenhausschuh.
Ein Eisbergbahnhofshundeleinentaschenspiegeleierspeisekartenhausschuh.
Ein Beereneisbergbahnhofshundeleinentaschenspiegeleierspeisekartenhausschuh.
Der Erdbeereisbergbahnhofshundeleinentaschenspiegeleierspeisekartenhausschuh.

Wenn's offen ist, dann fällst du drüber,
drum bind's zu einer Schleife lieber.
Gemeint ist welcher Gegenstand?
Ein Band.
Ein Schuhband.
Ein Hausschuhband.
Ein Kartenhausschuhband.
Ein Speisekartenhausschuhband.
Ein Eierspeisekartenhausschuhband.
Ein Spiegeleierspeisekartenhausschuhband.
Ein Taschenspiegeleierspeisekartenhausschuhband.
Ein Leinentaschenspiegeleierspeisekartenhausschuhband.
Ein Hundeleinentaschenspiegeleierspeisekartenhausschuhband.
Ein Hofhundeleinentaschenspiegeleierspeisekartenhausschuhband.
Ein Bahnhofshundeleinentaschenspiegeleierspeisekartenhausschuhband.
Ein Bergbahnhofshundeleinentaschenspiegeleierspeisekartenhausschuhband.
Ein Eisbergbahnhofshundeleinentaschenspiegeleierspeisekartenhausschuhband.
Ein Beereneisbergbahnhofshundeleinentaschenspiegeleierspeisekartenhausschuhband.
Das Erdbeereisbergbahnhofshundeleinentaschenspiegeleierspeisekartenhausschuhband.

Er hat nicht viel Talent zum Fliegen,
das Liegen scheint ihm mehr zu liegen.
Er fällt nie um, nicht mal bei Sturm:
Ein Wurm.
Ein Bandwurm.
Ein Schuhbandwurm.
Ein Hausschuhbandwurm.
Ein Kartenhausschuhbandwurm.
Ein Speisekartenhausschuhbandwurm.
Ein Eierspeisekartenhausschuhbandwurm.
Ein Spiegeleierspeisekartenhausschuhbandwurm.
Ein Taschenspiegeleierspeisekartenhausschuhbandwurm.
Ein Leinentaschenspiegeleierspeisekartenhausschuhbandwurm.
Ein Hundeleinentaschenspiegeleierspeisekartenhausschuhbandwurm.
Ein Hofhundeleinentaschenspiegeleierspeisekartenhausschuhbandwurm.
Ein Bahnhofshundeleinentaschenspiegeleierspeisekartenhausschuhbandwurm.
Ein Bergbahnhofshundeleinentaschenspiegeleierspeisekartenhausschuhbandwurm.
Ein Eisbergbahnhofshundeleinentaschenspiegeleierspeisekartenhausschuhbandwurm.
Ein Beereneisbergbahnhofshundeleinentaschenspiegeleierspeisekartenhausschuhbandwurm.
Der Erdbeereisbergbahnhofshundeleinentaschenspiegeleierspeisekartenhausschuhbandwurm.

Die Wissenschaft hat festgestellt:
Das ist das längste Tier der Welt.